12
B
mp
3
びだん
な や つ に は
いやなやつに 悪《あっ》口《こう》雑《ぞう》言《ごん》を 浴びせ びだん
f
mf
16
cresc.
ちかう ゆう
は泣きながら うたがうことを ちかう
ちかう ちかう
は泣きながら うたがうことを ちかうちかう
p
20
C
やけは ぽかんと ながめ
ひとだかり あればー のぞきこみ

24
mf
天 下国 家を空 論 せぬこと
アンケートには こたえぬことを
ち か ー う
ち か う
rit.
mf
D Senza tempo
28
solo または soli (※)
f (話し言葉のスピードで)
二台 目のテレビを買わぬと誓 う
※※
(おおよそTempo I)
tutti
年 頭 の 誓 い ー
8va
Ped.
30
Senza tempo
宇宙 船 に乗りたがらぬと誓 う
年頭の誓い ー
molto riten.
più f
ち
cresc.

※１小節目の注と同様に。
※※┌──┐の範囲は、各合唱団が自由に「作詩・作曲」してオリジナルの「誓い」を歌い上げてもよい。

合唱ピース

年頭の誓い

《混声版》《男声版》《女声版》

谷川俊太郎 作詩
信長貴富 作曲

カワイ出版

混声合唱曲

年頭の誓い

谷川俊太郎 作詩
信長貴富 作曲

※［女声solo＋男声solo］［女声soli＋男声soli］［女声のみのsolo（またはsoli）］［男声のみのsolo（またはsoli）］など、自由に。
声種は問わない。

E Con brio (Tempo IIより速く)
33
かいをやぶって 悔いぬことをちかう よっ
かいをやぶって 悔いぬことをちかう よっ
E Con brio (Tempo IIより速く)
f
cresc.
37
てよってくだんのごとしー
てよってくだんのごとしー
8va
ff
F Tempo I
solo または soli (※)
41
年頭の誓いー
tutti
年頭のー
Vivo
fff
ちかい
solo または soli (※)
年頭の誓いー
tutti
年頭のー
fff
ちかい
F Tempo I
Vivo
ff
fff
p

※1小節目の注と同様に。

男声合唱曲
［ピアノ・パートは混声版と共通］

年頭の誓い

谷川俊太郎 作詩
信 長 貴 富 作曲

選手宣誓風に ♩≒69 (Tempo I)
solo または soli (※)
Tenor I
Tenor II
Baritone
Bass
tutti
unis.
(riten.)
年 頭 の 誓 い ー
年 頭 の 誓 い ー
き ん
A 行進曲風に ♩≒108 (Tempo II)
しゅ き ん え ん せ ぬ こ とを ち か う わ ら
うべきとき に おおぐち あけてわらうことをちかう いや
B
な や つ に は
いやなやつに
悪《あっ》口《こう》雑《ぞう》言《ごん》を 浴 び せ びだん
cresc.
div.
は 泣きながら うたが う こ と を ち か う ち か う ゆ う
は 泣きながら うたが う こ と を ち か う ち か う
C
やけは ぽかんとながめ
ひ と だ かり あれ ばー の ぞ き こみ

※声種は問わない。

24
rit.
mf
div.
天 下国 家を空 論 せぬこと
ち か ー う
mf
div.
ア ンケートには こたえぬことを ち か う
28
D Senza tempo
※※
solo または soli (※)
f (話し言葉のスピードで)
(おおよそTempo I)
tutti
unis.
mf
二台 目のテレビを買わぬと誓 う 年 頭 の 誓 い ー
unis. mf
年 頭 の 誓 い ー
30
Senza tempo
※※
solo または soli (※)
f (話し言葉のスピードで)
(おおよそTempo I)
tutti
f
molto riten.
più f
宇宙 船 に乗りたがらぬと誓 う 年頭の誓い ー ち
f
più f
年頭の誓い ー ち
E Con brio (Tempo IIより速く)
33
ff
かいをやぶって 悔いぬ ことを ちかう よっ
ff
かいをやぶって 悔いぬ ことを ちかう よっ
37
div.
て よって くだんの ごとし ー
div.
て よって くだんの ごとし ー
F Tempo I
41
solo または soli (※)
ff
tutti
ff
Vivo
fff
年頭の誓い ー 年頭のー ちかい
tutti
ff
fff
年頭のー ちかい

※声種は問わない。
※※ ┌──┐の範囲は、各合唱団が自由に「作詩・作曲」してオリジナルの「誓い」を歌い上げてもよい。

女声合唱曲
［ピアノ・パートは混声版と共通］

年頭の誓い

谷川俊太郎 作詩
信長貴富 作曲

選手宣誓風に ♩≒69 (Tempo I)
solo または soli (※)
Soprano
Mezzo Soprano
Alto
tutti
(riten.)
div.2
年頭の誓い ー
年頭の誓い ー
きん
A 行進曲風に ♩≒108 (Tempo II)
しゅきんえん せぬことをちかう わら
うべきときに おおぐち あけてわらうことをちかう いや
なやつには 悪《あっ》口《こう》雑《ぞう》言《ごん》を浴びせ びだん
いやなやつに 悪《あっ》口《こう》雑《ぞう》言《ごん》を浴びせ びだん
B
cresc.
div.3
は泣きながら うたがうことを ちかう
ちかうちかう
div.2
ゆう
は泣きながら うたがうことをちかうー
C
やけは ぽかんとながめ
ひとだかり あれば ーのぞきこみ

※声種は問わない。

rit.
mf
天 下国 家を空 論 せぬこと
ち か ー う
アンケートには こたえぬことを
ち か う
D Senza tempo
※※
solo または soli (※)
f (話し言葉のスピードで)
二台 目のテレビを買わぬと誓 う
(おおよそTempo I)
tutti
年頭の誓いー
Senza tempo
宇宙船 に乗りたがらぬと誓 う
molto riten.
più f
ち
E Con brio (Tempo IIより速く)
かいをやぶって 悔いぬ ことを ちかう
div.3
ff
よって よってくだんのごとしー
F Tempo I
ff
年頭の誓いー
Vivo
fff
年頭のー
ちかい

※声種は問わない。
※※ ┌─┐の範囲は、各合唱団が自由に「作詩・作曲」してオリジナルの「誓い」を歌い上げてもよい。

年頭の誓い

谷川俊太郎

飲酒禁煙せぬことを誓う
いやな奴には悪口雑言《あっこうぞうごん》を浴びせ
きれいな女にはふり返ることを誓う
笑うべき時に大口あけて笑うことを誓う
夕焼はぽかんと眺め
人だかりあればのぞきこみ
美談は泣きながら疑うことを誓う
天下国家を空論せぬこと
上手な詩を書くこと
アンケートには答えぬことを誓う
二台目のテレビを買わぬと誓う
宇宙船に乗りたがらぬと誓う
誓いを破って悔いぬことを誓う
よってくだんのごとし

※傍線部は付曲されていません。

この曲は島根県益田市で催された「グラントワ・カンタート2018」の企画のひとつである「美しき日本語のための日本語歌唱による合唱コンクール」の課題曲として作曲されたものです。混・男・女声の三種があり、全バージョンにピアノ伴奏が付きます。楽譜上は混声版にのみピアノ・パートが記されていますが、男声・女声で演奏される際にもピアノを付けてください。ピアノ譜はすべてのバージョンに共通です。

コンクール実施日が1月6日でしたので、新年初歌いのノリで楽しく歌ったり聴き合ったりできるものにしたく、この詩を選びました。D の部分に「オリジナルの『誓い』を歌い上げてもよい」とあります。ここが一番の聴かせどころです。コンクール当日は出場団体がそれぞれ工夫を凝らした演奏を聴かせてくださいました。

詩の内容からして極めて季節限定の曲であり、再演機会を得るのが難しいかと思っていた矢先、2019年1月6日に催される「ユース合唱フェスティバルえびな vol.1」の合同演奏（指揮＝服部純也、ピアノ＝宮地亜論、合唱＝海老名市立今泉中学校合唱部・海老名市立大谷中学校合唱部・海老名市立海西中学校合唱部・神奈川県立海老名高等学校合唱部・合唱団インテグラルズ・混声合唱団 ゆきだるま・合唱団 ぬっく）の演目として取り上げていただけることになり、これがきっかけで出版の運びとなりました。

コンクールの企画・実施関係各位、コンクール参加団体の皆さま、再演団体の皆さま、すべての皆さまに感謝申し上げます。

信長貴富

委　嘱　　公益財団法人しまね文化振興財団（いわみ芸術劇場）
初　演　　2018年1月6日
　　島根県芸術文化センター「グラントワ」
　　《グラントワ・カンタート2018「美しき日本語のための日本語歌唱による合唱コンクール」》
合　唱　　コンクール参加団体

合唱ピース　年頭の誓い　谷川俊太郎《たにかわしゅんたろう》 作詩／信長貴富《のぶながたかとみ》 作曲

●発行所＝カワイ出版（株式会社 全音楽譜出版社 カワイ出版部）
〒161-0034　東京都新宿区上落合 2-13-3　TEL 03-3227-6286 ／ FAX 03-3227-6296
出版情報 http://editionkawai.jp

●楽譜浄書＝神田屋　●印刷・製本＝平河工業社

2019年1月1日 第1刷発行

ISBN978-4-7609-2434-9

9784760924349

1923073006009

ISBN978-4-7609-2434-9
C3073 ¥600E

定価（本体600円+税）

CODE : 2434

4 962864 924341